AU PLUS DIGNE

Collection folio junior

dirigée par
Jean-Olivier Héron
et Pierre Marchand

Mon premier co-lecteur était un ours en peluche auquel, un jour, j'avais donné un bain chaud, puis que j'avais mis ensuite à sécher dans le four. L'ours n'avait plus de poils. Il se nommait donc Martin-Nu. Quand mon fils eut quatre ans, mon Martin-Nu avait disparu depuis belle lurette. Mais les cabrioles de mots et les histoires à ne pas dormir debout que je faisais autrefois sauter à saute-chaton (les chatons sautent tout de même mieux que les moutons), mais les contes et les comptines que j'inventai pour ne pas m'ennuyer dans le noir avec Martin-Nu, étaient toujours là, eux. Je les ai ressortis, pour le nouvel enfant, de la boîte à malices qui est au fin fond sans fond de nous, comme on ressort des armoires à souvenir ces jouets qui peuvent servir à plusieurs générations. C'est comme cela que sont réapparues, plutôt qu'apparues, les *Enfantasques, La maison qui s'envole,* et autres caramboles, fariboles et fablevoles. Même leur première édition était, au fond, une réimpression — la réimpression d'œuvres de jeunesse jamais imprimées.

Quand les poèmes d'*Enfantasques* ont commencé à être reproduits dans des livres de classe, et que les enfants de mon village, en revenant de l'école, sont venus me dire : « M'sieur, le maître nous a donné une récitation de vous », j'ai eu un peu peur : peur de me réveiller empaillé vivant, d'être devenu par inadvertance un auteur classé en classe comme classique, un vieux mauvais sujet fournisseur de vilains pensums : « Vous qui faites l'idiot au dernier rang, vous me recopierez vingt fois ce poème de Claude Roy. » Mais comme les écoliers de mon voisinage n'ont pourtant pas l'air de me détester, je me suis fait peu à peu à l'idée d'être inscrit au « cahier de textes ». Après tout, même dans les « récitations » qu'on m'obligeait à savoir par cœur, il y en avait que j'apprenais de bon cœur.

Il faudrait parvenir à ne pas écrire « des livres d'enfants » ou des livres « de grandes personnes ». Il faudrait arriver seulement, de quatre à cent quatre ans, à écrire pour être un délivre-enfants.

CLAUDE ROY.

Claude Roy

Enfantasques

Des poèmes et des images
imaginés et imagés
par l'auteur avec des collages
pour les lecteurs de plusieurs âges
entre 4 et 104 ans.

LE SINGE

Le singe descend de l'homme.
C'est un homme sans cravate,
sans chaussures, sans varices,
sans polices, sans malice,
sorte d'homme à quatre pattes
qui n'a pas mangé la pomme.

LA CHASSE AU RHINOCÉROS
DANS LES MONTAGNES
DU HAUT-TYROL

Dans les neiges de l'Heimatlos,
c'est la chasse au rhinocéros

Le rhinocéros des cavernes
trouve que la vie est terne.

Le rhinocéros est morne
et il louche vers sa corne.

Que veut le rhinocéros?
Il veut une boule en os.

Ce n'est pas qu'il soit coquet :
c'est pour jouer au bilboquet.

L'ennui le rendrait féroce,
le pauvre rhinocéros.

Les chasseurs de l'Heimatlos
distraient le rhinocéros.

Ils sont tout interloqués :
ils croyaient avoir traqué

risquant de rompre leur os
un féroce rhinocéros.

Mais il dit : « C'est vous ? OK.
Si on jouait au bilboquet? »

BESTIAIRE
DU COQUILLAGE

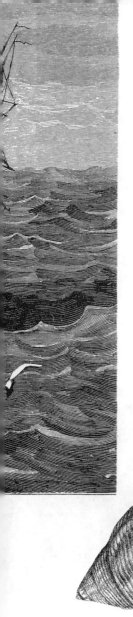

Si tu trouves sur la plage
un très joli coquillage
compose le numéro
OCÉAN O.O.

Et l'oreille à l'appareil
la mer te racontera
dans sa langue des merveilles
que papa te traduira.

L'OISEAU FUTÉ

A quoi bon me fracasser,
dit l'oiseau sachant chanter
au chasseur sachant chasser
qui voulait le fricasser.

Si tu me fais trépasser,
chasseur au cœur desséché
tu n'entendras plus chanter
l'oiseau que tu pourchassais.

Mais le chasseur très froissé
dit à l'oiseau tracassé :
Je n'aime pas la musique
et tire un coup de fusique.

Le chasseur manque l'oiseau
qui s'envole et qui se moque.
Le chasseur se sent bien sot,
et l'oiseau lui fait la nique.

Après tout, dit le chasseur,
j'aime beaucoup la musique.
Moi-z-aussi dit le siffleur
se perchant sur le fusique.

LES TROIS CHÈVRES

Ce sont trois chèvres un matin
qui travaillent dans leur jardin.
La première secoue le poirier.
La seconde ramasse les poires,
La troisième va-t-au marché.

Elles ont travaillé tant et tant
et gagné tellement d'argent
qu'elles ont pris à leur service
trois demoiselles de Saint-Sulpice.

La première fait la cuisine,
la seconde fait le ménage,
et la troisième au pâturage
garde trois chèvres le matin

qui s'amusent dans leur jardin.
Trois chèvres qui ne font plus rien.

NON

Ida demanda doucement au gendarme
  très poliment, la permission.
« Tout à fait défendu » répondit le gendarme
  « et pas de contestation. »

C'était un ours que ce gendarme.

OUI

Ida demanda doucement au gros ours
    très poliment, la permission.
« Mais bien entendu » a dit le bon ours
    « les enfants ont la permission. »

Les ours en général ne sont pas des gendarmes.

LA DEMOISELLE
ET LA BICHE

Vous avez fait un vilain rêve,
mademoiselle Noémie.
Vous étiez biche dans les bois.
Des chasseurs vous chassaient sans trêve,
votre cœur était aux abois.
Mais le matin enfin se lève
et vous retrouvez vos amis.
Car vous n'êtes pas biche au bois
mademoiselle Noémie,
et vous reprenez vos esprits.

Mais dans la forêt du sommeil
erre une biche triste et douce
qui se sent seule lorsque s'éveille
mademoiselle Noémie.
La biche a eu toute la nuit
une meute folle a ses trousses
mais elle avait une amie
qui partageait sa longue course.
La voilà seule dans les bois.
Où donc s'en est allée l'amie
qui lui a tenu compagnie ?
La biche pleure. Elle a froid
et se demande où est partie
mademoiselle Noémie.

AVEC DES « SI »

Si les poissons savaient marcher
ils aimeraient bien aller le jeudi au marché.

Si les canards savaient parler
ils aimeraient bien aller le dimanche au café.

Et si les escargots savaient téléphoner
ils resteraient toujours au chaud dans leur coquille.

LE CERF DANS L'ESCALIER

J'ai rencontré dans l'escalier
un cerf en tournée de visites.
Il s'ennuyait de ses halliers,
ce pauvre cerf si sympathique
que j'ai croisé dans l'escalier.

POULE AU NID
POULE AU BOIS

Où cours-tu poulette?
— Je vais à la mer.

Poule au nid, Poule en mer
tu vas prendre froid.

Que dis-tu, poulette?
— Je vous remercie.

Poule à l'eau, Poule au nid
tu es très polie.

Que veux-tu, poulette?
— Un nid dans la mer.

Poule à l'eau, poule en l'air
c'est pour quoi en faire ?

— J'y pondrai mes œufs,
couverai sur eux.

Poule au nid, Poule en mer
tu vas de travers !

Et qu'auras-tu enfin ?
— Dix petits marsouins.

Poule en mer, Poule au nid
les mangerons rôtis.

LE PETIT CHAT BLANC

Un petit chat blanc
qui faisait semblant
d'avoir mal aux dents
disait en miaulant :

« Souris mon amie
j'ai bien du souci
le docteur m'a dit :
tu seras guéri

si entre tes dents
tu mets un moment
délicatement
la queue d'un'souris. »

Très obligeamment
souris bonne enfant
s'approcha du chat
qui se la mangea.

MORALITÉ

Les bons sentiments
ont l'inconvénient
d'amener souvent
de graves ennuis
aux petits enfants
comme-z-aux souris.

L'ENFANT
QUI VA AUX COMMISSIONS

« Un pain, du beurre, un camembert,
mais surtout n'oublie pas le sel.
Reviens pour mettre le couvert,
ne va pas traîner la semelle. »

L'enfant s'en va le nez au vent.
Le vent le voit. Le vent le flaire.
L'enfant devient un vol-au-vent,
l'enfant devient un fils de l'air.

« Reviens, reviens, au nom de Dieu!
Tu fais le malheur de ton père.
Ma soupe est déjà sur le feu.
Tu devais mettre le couvert! »

Léger, bien plus léger que l'air,
l'enfant est sourd à cet appel.
Il est déjà à Saint-Nazaire.
Il oublie le pain et le sel.

Parents, de chagrin étouffant
d'avoir un fils si égoïste,
parents sans sel et sans enfant,
que votre dîner sera triste!

Mais si vous tournez cette page
vous verrez l'enfant des nuages.

REGARDEZ-VOUS
UN PEU DANS LA GLACE

Regardez-vous un peu dans la glace
dit à Jeanne et Marie leur maman qui se fâche.

Vous avez couru et fait mille bêtises
Vous êtes toutes rouges et vos boucles défrisent.

Pour donner aux poupées leur goûter-biberon
Vous avez tout sali mon joli napperon.

Vous avez habillé la chatte Pandora
avec mon caraco et mon châle angora.

Pour prendre la température à son mari Albert
vous avez fait tomber le thermomètre par terre !

La maman est fâchée et fait la grosse voix.
Mais en se regardant dans la glace elle voit

que les gens en colère font de sales grimaces.
Regardez-vous un peu dans la glace !

L'AFFABLE LA FONTAINE

Récite ta fa,
récite ta fable.
Pour devenir grand
Il faut qu'on apprend
assis à sa table
sa récitation,
l'ineffable fable,
riche en citations,
de l'affable la
fontaine de fables.

L'heureux nard et le cordeau
Rat Deville et Rat Deschamps
le méchant loup Pelagneau
la Chevreuse et le Roseau
L'Assis Gal et la fournie
la quenouille qui veut se faire
aussi rose que le bœuf
les animaux malades de la tête.

Retisse et récite
récite ta fa
ta fable d'enfant.
Quand tu seras grand
il sera bien temps
d'apprendre qu'on n'a
souvent aucun besoin
d'un plus petit
que soif
pour boire à la fontaine.

MÉTÉOROLOGIE

L'oiseau vêtu de noir et vert
m'a apporté un papier vert
qui prévoit le temps qu'il va faire.
Le printemps a de belles manières.

L'oiseau vêtu de noir et blond
m'a apporté un papier blond
qui fait bourdonner les frelons.
L'été sera brûlant et long.

L'oiseau vêtu de noir et jaune
m'a apporté un papier jaune
qui sent la forêt en automne.

L'oiseau vêtu de noir et blanc
m'a apporté un flocon blanc.

L'oiseau couleur du temps que m'apportera-t-il ?

SOURIS BLANCHE
ET SOURIS BLEUE

J'ai croisé dimanche
tout près de Saint-Leu
une souris blanche
portant un sac bleu.

Elle n'a pas dit
bonjour ni merci.
Les souris ici
ne sont pas polies.

J'ai croisé lundi
une souris bleue
qu'allait à Paris
pour voir s'il y pleut.

Mais j'ai fait celui
qui ne la voit pas.

La souris s'est dit :
les hommes ici
ne sont vraiment pas,
vraiment pas polis.

L'OURS MARTIN ET LE DIABLE

« Diable! Diable! »
avait dit Martin
en se mettant à table
un beau matin.

Il avait dit ça
sans faire attention
machinalement.

Le Diable apparut
voulut le mordre
faillit le manju
le manju tout cru.
Martin éperdu
s'encourut, s'en fut.

Il prend garde depuis
à ce qu'il dit.

HIRONDELLES

Pourquoi donc les hirondelles
se posent-elles,
légères,
sur les fils téléphoniques,
avec des airs
ironiques?

Elles font ça pour se distraire
et pour occuper les enfants
qui sages comme des images
restent le nez levé en l'air
à écouter le bavardage
des hirondelles sous l'auvent.

L'EFFET DIVERS DES FAITS DIVERS

Les images des faits divers
(*regardez la page d'après*)
nous apprennent, sans avoir l'air,
à ne pas être trop distrait.

Le nez en l'air, sans faire exprès,
on tombe d'un échafaudage,
votre cheval brise ses traits,
votre paquebot fait naufrage.

Qui donc a été si distrait ?
Les victimes du fait divers ?
Ou vous et moi, au chaud, au frais,
bien tranquilles, levant nos verres ?

Sans y penser, sans le savoir,
juste distrait,
sans le vouloir et sans le voir,
on pousse un inconnu de son échafaudage,
on fait peur au cheval qui s'emballe et s'effraie,
on ouvre une voie d'eau et provoque un naufrage.

Prenez garde d'être distrait :
l'effet divers des faits divers
a des causes bien singulières.
Le crime garde son secret.

L'ENFANT
QUI BATTAIT LA CAMPAGNE

Vous me copierez deux cents fois le verbe :
Je n'écoute pas. Je bats la campagne.

Je bats la campagne, tu bats la campagne,
Il bat la campagne à coups de bâton.

La campagne ? Pourquoi la battre ?
Elle ne m'a jamais rien fait.

C'est ma seule amie, la campagne.
Je baye aux corneilles, je cours la campagne.

Il ne faut jamais battre la campagne :
on pourrait casser un nid et ses œufs.

On pourrait briser un iris, une herbe,
On pourrait fêler le cristal de l'eau.

Je n'écouterai pas la leçon.
Je ne battrai pas la campagne.

LIMERICK
DU VIDAME DE PAMIERS
QUI SE PÂME

Il y avait à Pamiers un vidame qui se pâme :
« Pouvez-vous m'expliquer, enfant, l'hippopotame ? »

« Pouvez-vous m'expliquer, mon père, les vidames ?
Car les hippopotames, je le sais, ont une âme ! »

« Les vidames ont une âme. Pas les hippopotames !
Vous êtes insolent ! » le vidame s'exclame.

L'hippopotame plein de charme sourit et brame,
et blâme les façons de ce vidame, un âne.

LIMERICK
DE LA DEMOISELLE
DE MEUDON

Il était une demoiselle de Meudon
qui avait pour ami un bel iguanodon.

Cet iguanodon avait reçu du ciel des dons
et quoi qu'il fût pourtant bête comme un dindon
il était le meilleur ami, nous dit-on,
d'une demoiselle habitant Meudon.

BESTIAIRE DES POURQUOI

Pourquoi le chat est-il noir,
et pourquoi le flamant rose ?
C'est une bizarre histoire
de *parce que* et d'*à cause*.

Pourquoi certains sont-ils sages
et d'autres entreprenants ?
Pourquoi ce flamant dans l'image
quand le chat en est absent ?

Tant de questions, tant de problèmes !
Le chat est sorti de la page.
Le flamant rose est là quand même :
il voulait être dans l'image.

Tant de pourquoi, jamais les mêmes,
d'histoires sans tête et sans queue,
que de questions, que de problèmes,
que d'*à cause* et de *parce que*.

Les enfants font mille bêtises.
Le flamant les a prévenus.
Que de questions, que de surprises.
Et le chat n'est pas revenu.

LIMERICK DU COLONEL ÉCOSSAIS
ET DE L'ENFANT INSOLENT

Il était une fois un colonel d'Écosse
qui n'aimait pas du tout les enfants insolents.

« Je vais botter le train de cet insolent gosse! »
disait en écossais ce colonel violent.

La peur donne des ailes au gosse.
Il file bon train, sage précaution.

C'est ainsi qu'un enfant inventa l'aviation
parce qu'il s'était moqué d'un colonel d'Écosse.

LIMERICK DES GENS
EXCESSIVEMENT POLIS

Excusez-moi je vous en prie
disait le Monsieur Très Poli
tout ourlé de Bonnes Manières
quand il croisait un dromadaire

Je suis charmé vraiment ravi
disait le Monsieur Si Gentil
en rencontrant rue de Lisbonne
un pangolin avec sa bonne

Je vous présente mes respects
disait le Monsieur Circonspect
en dépassant dans l'escalier
un I sans point très essoufflé

Veuillez agréer mes hommages
disait le Monsieur Tout en Nage
en arrivant très en retard
au bal masqué des nénuphars

Après vous je n'en ferai rien
dira le Monsieur Vraiment Bien
lorsque la Mort sonnant chez lui
le trouvera toujours poli

L'ennui avec les gens polis
c'est qu'ils n'en ont jamais fini
tout en saluts tout en courbettes
mais trop polis pour être honnêtes.

TIMIDERIE
DE L'ÂNE EN PEINE

Je n'aime pas qu'on me regarde.
Je me sens bien embarrassé.
Je rougis quand on me regarde.
Je bafouille et suis compassé.

J'ai chaud, j'ai peur, j'ai froid, j'ai chaud.
Je suis tout rouge et je pâlis.
Ils me regardent de leur haut.
Ils me regardent. Je blêmis.

J'essaie d'avoir l'air dégagé.
Je suis le triste chien qu'on traîne.
J'essaie de prendre l'air léger.
Mais je me sens pauvre âne en peine.

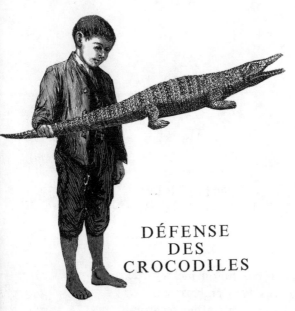

DÉFENSE
DES
CROCODILES

Pourquoi les crocodiles pleurent-ils ?
Parce qu'on tire leur queue.
La chose les horripile.

Ça les rend tristes et soucieux
et tire des larmes faciles
de leurs sympathiques yeux.

Mais ce qui les rend furieux
c'est qu'on dit de leurs alarmes
et du chagrin de leur âme :
« C'est larmes de crocodile ! »

Les hommes sont incivils
estiment les crocodiles,
victimes d'un monde hostile.

LES ANIMAUX
MAL ÉLEVÉS

« Bête comme une oie », disait le chien noir.
« Sale comme un chien »; lui répondait l'oie.

Qu'on soit chien ou qu'on soit oie
on a pourtant souvent besoin
d'un très différent de soi,
qu'il soit oie, qu'il soit chien,
qu'il soit toi ou qu'il soit moi,
qui ne sont ni oie ni chien.

MUSIQUE DE CHAMBRE

A   Darius   Milhaud.

La mélodie est fine mouche
plus rusée que le réséda.
On la croit prise mais la bouche
oublie ce que le vent chanta.

La mélodie file et faufile
sa raison avec ses hasards,
son facile et son difficile
son naturel avec son art.

La contrebasse est toujours contre,
elle grogne et fait sa grosse voix.
La mélodie qu'elle rencontre
elle la sermonne et rudoie.

Mais l'air en l'air a plus d'un tour,
oiseau gentil léger de ruse.
Qui croit l'attraper court toujours
et qui croit le tenir s'abuse.

Le basson veut sonner les cloches
à la mélodie qui le raille.
Mais elle a fui. Rien dans les poches.
Rien dans les mains qu'un feu de paille.

Triste époque, dit le basson.
Les jeunes générations
n'ont plus le respect des bassons.
Les jeunes générations
n'ont pas de considération
pour les vénérables respectables vieux bassons.

Triste époque triste époque.
Le basson est scandalisé.
La mélodie rit et se moque,
vivace et volatilisée.

Le violon est avec elle
dont les cordes sont télégraphe
où se posent ces hirondelles
qui habitent nos phonographes.

La guitare qui rit et pleure
et la flûte qui toujours rit
font une vraie maison de fleurs
à la passante au pas précis,

à la mélodie toute nue
laissant sa robe à la police
qui dressera, déconvenue,
procès-verbal à ses complices.

La guitare ira en prison,
la flûte finira au bagne,
le violon ira au violon,
et le hautbois aux bois d'Espagne.

Le basson et la contrebasse,
lauréats du Grand Prix de Rome,
termineront leur guerre lasse
à l'Institut des Vrais Grands Hommes.

La mélodie sans feu ni lieu
continuera sa ritournelle,
chat perché aux quat' coins des cieux,
oiseau vole avec ses deux ailes.

La mélodie sait la musique
car elle est la fille de l'air.
Mais celui-là qui grinche et pique
devient basson octogénaire.

LA CLEF DES CHAMPS

Qui a volé la clef des champs?
La pie voleuse ou le geai bleu?

Qui a perdu la clef des champs?
La marmotte ou le hoche-queue?

Qui a trouvé la clef des champs?
Le lièvre brun? Le renard roux?

Qui a gardé la clef des champs?
Le chat, la belette ou le loup?

Qui a rangé la clef des champs?
La couleuvre ou le hérisson?

Qui a touché la clef des champs?
La musaraigne ou le pinson?

Qui a perdu la clef des champs?
Le porc-épic? Le renard roux?

Qui a volé la clef des champs?
Ce n'est pas moi, ce n'est pas vous.

Elle est à personne et partout,
la clef des champs, la clef de tout.

LES PAS
QUI NE SONT PAS PERDUS
POUR TOUT LE MONDE

— Où vous mènent vos pas, jeune homme?
— *A l'étang, voir si l'eau est bonne.*

— Où vous mène le pas d'après?
— *Courser la sauterelle au pré.*

— Où vous mènent vos pas ensuite?
— *A courir le chat qui s'enfuite.*

— Où vous mènent vos pas enfin?
— *Là où la route n'a pas de fin.*

Et c'est comme ça que ça arrive.
un pas, un autre, et on dérive.

On fait la journée buissonnière,
à l'étourdie, à la légère.

On n'est nulle part, on est en l'air,
enfant volé de l'atmosphère.

Ce sont de mauvaises manières.
On fait du chagrin à sa mère.

— *Mais comment découvrir le monde?*
  La route est longue, la terre est ronde.

LES QUATRE ÉLÉMENTS

L'air c'est rafraîchissant
le feu c'est dévorant
la terre c'est tournant
l'eau — c'est tout différent.

L'air c'est toujours du vent
le feu c'est toujours bougeant
la terre c'est toujours vivant
l'eau — c'est tout différent.

L'air c'est toujours changeant
le feu c'est toujours mangeant
la terre c'est toujours germant
l'eau — c'est tout différent.

Et combien davantage encore ces drôles d'hommes
espèces de vivants
qui ne se croient jamais dans leur vrai élément.

LIMERICK DE LÉON
DE LYON

Il était une fois, dans la ville de Lyon,
un jeune homme appelé Léon.
Léon avait vraiment des goûts rares :
il n'aimait pas le curry ni le lard,
il détestait les épinards,
il ne supportait pas le bœuf,
ne digérait pas un seul œuf.
Quel cas délicat, ce Léon,
qui habitait la ville de Lyon!

Ses bons parents désespérés
voyaient Léon manquant de goût,
maigre comme un maigre coucou.
Ils demandèrent à Léon :
« Que veux-tu pour ta collation? »
Il dit : « Je veux manger du lion ».

C'est difficile, même à Lyon,
de trouver pour son fils Léon
le bifteck de lion quotidien
qui lui ferait pourtant du bien.
Mais quand on aime son Léon
et qu'on est habitant de Lyon,
il faut faire des sacrifices
pour la santé d'un si bon fils.
Les parents de notre Léon
vendirent leur accordéon,
le piano de tante Julienne
et, se saignant aux quatre veines,
achetèrent un troupeau de lions.

C'est ainsi que Léon de Lyon
a pu enfin manger du lion.

DIALOGUE DE SOURDS

Je n'aime pas les autruches,
dit le train.
Elles ont des tics et des trucs,
pas d'entrain.

Je n'aime pas les trains,
dit l'autruche.
Ce sont des gens restreints,
de vraies bûches.

Les gens c'est des saintes nitouches
qui ont trop d'esprit critique.
Ils font trop la fine bouche,
ils n'ont pas le cœur sympathique,
pour les autruches, s'ils sont trains,
pour les trains, s'ils sont autruches.

Les gens sont fous, les gens sont louches,
les gens, les trains et les autrouches.

CE QUE CET ENFANT
VA CHERCHER

Ce que cet enfant va chercher!
Ce que cet enfant peut trouver!

Qu'est-ce que cet enfant a encore inventé?
Cet enfant, c'est vraiment la malice incarnée!

Cet enfant m'en fait voir de toutes les couleurs!
L'idée de cet enfant c'est de faire mon malheur!

Cet enfant a vraiment le diable au corps.
Ce méchant enfant causera ma mort.

Sur son carnet de notes on a lu :
« Bavard et dissipé, esprit trop décousu ».

L'enfant trop décousu prit la machine à coudre
et, en se recousant, il mit le feu aux poudres.

Si vous tournez la page
le résultat est dans l'image.

L'enfant a mis tout sens dessus dessous,
rendant ses pauvres parents fous.

Car la malice est une foudre
qui peut mettre le feu aux poudres.

LA BALEINE
SE PLAINT

« Qui dit que je ris ?
On n'a pas compris »,
gémit la baleine.

« On m'harponne, et crac !
on me course et traque
à perdre l'haleine. »

« On dit que je ris,
mais c'est grande peine
que d'être baleine. »

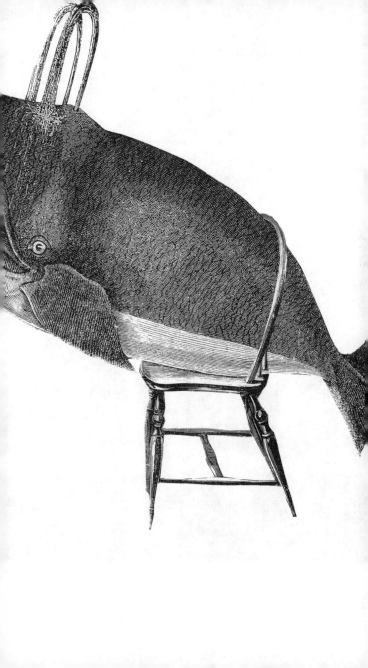

CHANSON
DES PETITES OUBLIÉES

A Mortemande, sur la lande
un souffle de vent a délié
dans les branches de l'arbramante
le chuchotis des oubliées.

Adeline, Agathe, Violaine,
Jenny, Ursule, Anna-Dorée,
Jennifer, Aglaé, Malène,
les très anciennes adorées.

Un dormeur, au fin bout du monde,
prononce un nom dans son sommeil :
Clarisse, Irma, May, Rosemonde,
un nom qu'il oublie au réveil.

Il ne reste, quand vient l'aurore,
que le silence et qu'un oiseau.
Alida, Elissa, Aurore :
des noms perdus au fond de l'eau.

L'étang se tait. Un arbre chante.
Sens-tu l'odeur d'eau et de menthe
à Mortemande, sur la lande,
à l'ombre bleue de l'arbramante ?

LE LOUP VEXÉ

Un loup sous la pluie,
sous la pluie qui mouille,
loup sans parapluie,
pauvre loup gribouille.

Est-ce qu'un loup nage?
Entre chien et loup,
sous l'averse en rage,
un hurluberloup?

Le loup est vexé
parce qu'on prétend
que par mauvais temps
un loup sous la pluie
sent le chien mouillé.

LE PÉCARI AHURI

J'avais écrit un poème.
Un pécari ahuri
qui passait par là, sans gêne,
renverse mon encrier.
Je me suis mis à crier :
« Ce n'est vraiment pas poli,
pécari trop ahuri,
et je vais vous étriller ! »

« Pourquoi te fâcher, crier,
m'a répondu le pécari.
Moi je te fais le pari
de t'écrire une poésie. »
Il a fait comme il avait dit :
le poème qu'il m'a écrit
c'est l'histoire d'un pécari
qui renversa mon encrier
et qui devint mon ami.

L'OISEAU VOYOU

Le chat qui marche l'air de rien
voudrait se mettre sous la dent
l'oiseau qui vit de l'air du temps,
oiseau voyou, moineau vaurien.

Mais, plus futé, l'oiseau lanlaire
n'a pas sa langue dans sa poche,
et siffle clair comme eau de roche
un petit air entre deux airs.

Un petit air pour changer d'air
et s'en aller voir du pays,
un petit air qu'il a appris
à force de voler en l'air.

Faisant celui qui n'a pas l'air
le chat prend l'air indifférent.
L'oiseau s'estime bien content
et se déguise en courant d'air.

N'IMPORTE QUOI

Le poulpe avait usé ses bottes
en tricotant l'eau comme un dératé.
« Cordonnier, refais-moi mes bottes,
je t'apprendrai le karaté. »

« Pour un habitant des mers
vous êtes vraiment terre à terre »
a dit au poulpe l'ours polaire.
« S'user les pieds dans la mer,
ce sont d'étranges manières! »

L'ours blanc a usé ses gants
en marchant sur les icebergs.
« Gantier, gantier, refais mes gants,
je te ferai voir le Spitzberg! »

« Que vous êtes lourd, mon ourson »
lui dit le Grand Duc poseur.
« Quittez un peu vos glaçons,
voler, c'est le seul vrai bonheur. »

Mais l'oiseau use ses ailes
en volant pendant des heures.
Pour qu'on affûte ses ailes
il les porte au rémouleur.

« Que vous êtes ciel à ciel! »
lui dit le soleil tourneur.
« Moi j'ai vraiment la vie belle!
Être rayon, quel bonheur! »

On a souvent besoin
d'un plus léger que soi.

LA BÊTE AU PLAFOND

La grosse bête au plafond,
grosse bête qui s'embête,
le cerf-volant bête et lent
il en fait une drôle de tête !

La grosse bête au plafond,
voudrait jouer à la marelle,
qu'on lui parle, qu'on soit bon,
qu'on s'occupe vraiment d'elle.

La grosse bête au plafond
a besoin de sympathie.
Elle a peu de distractions,
la pauvre marche-petit.

LIMERICK DE L'ENFANT QUI ÉTAIT FORT COMME UN TURC

Il était une fois tout près de Bar-le-Duc
un enfant nommé Luc qu'était plus fort qu'un Turc.

Il était assez fort pour porter un viaduc.
Il était assez fort pour voler un aqueduc.

« Je suis plus fort qu'un Turc » disait l'orgueilleux Lu
« Je suis fort comme deux Turcs » affirmait l'enfant Lu

« Je suis fort comme trois Turcs! » « C'est vrai » lui d
                                                    [le du
qui connaît tous les trucs des gens de Bar-le-Duc.

LE HIBOU ET L'HIRONDELLE

— Moi, dit le hibou
à l'hirondelle,
j'ai un beau jabot,
des gants élégants.
Je suis un monsieur
tout à fait sérieux.
Je suis important.

— Moi, dit l'hirondelle
qui file à tire d'aile
(tu ne la vois pas,
elle est sur le toit)
moi, dit l'hirondelle,
je vole et je vais
là où il me plaît.
Je suis bien contente
et c'est beaucoup mieux.

L'ENFANT QUI EST

Cet enfant, toujours dans la lune,
s'y trouve bien, s'y trouve heureux.

DANS LA LUNE

Pourquoi le déranger? La lune
est un endroit d'où l'on voit mieux.

AU MOINS TU PLEURERAS
POUR QUELQUE CHOSE

Comme il faisait mauvais temps
Jean qui pleure était morose
et Jean qui grogne pleurnichant.

Sa mère qui n'est pas manchote
lui envoie une calotte.
« Comme ça, si tu es morose,
tu pleureras pour quelque chose ! »

Jean a pleuré tant et tant,
qu'ajouté au mauvais temps,
le résultat est grandiose.

C'est Nivôse et c'est Ventôse.
Jean qui pleure pleure des cordes
et la rivière déborde.

Il pleure une vraie mousson.
L'eau recouvre les maisons,
elle emporte gens et choses.

Sa maman avait raison
d'avoir des démangeaisons.
Jean qui rit, le polisson,
a pleuré pour quelque chose.

L'ÉBOUEUR DE LA
RUE. QUINCAMPOIX

Il était une fois, au 3 rue Quincampoix
un éboueur en pleurs qu'avait bien des malheurs.

Il avait ramassé, au 3 rue Quincampoix
sept enfants perdus qui n'avaient pas l'heure.

Le poids de sept enfants, au 3 rue Quincampoix
c'est lourd sur le dos d'un éboueur en pleurs.

Quelle poisse et quel poids, 3 rue Quincampoix,
tant d'enfants boudeurs qui ne savent pas l'heure!

L'éboueur en pleurs rêve à des voleurs
qui lui voleraient ses enfants de poids.

CHEVAUX : TROIS. OISEAU : UN

J'ai trois grands chevaux courant dans mon ciel.
J'ai un seul oiseau, petit, dans mon champ.

Trois chevaux de feu broutant les étoiles.
Un oiseau petit qui vit d'air du temps.

Trois chevaux perdus dans la galaxie.
Un petit oiseau qui habite ici.

Les chevaux du ciel, c'est un phénomène.
Mais l'oiseau d'ici, c'est celui que j'aime.

Les chevaux du ciel sont de vrais génies.
L'oiseau dans mon champ, c'est lui mon ami.

Mais l'oiseau du champ s'envole en plein ciel,
rejoint mes chevaux, et je reste seul.

J'aimerais bien avoir des ailes.
Ça passerait le temps. Ça passerait le ciel.

MÉDOR ET MARIE-JE-T'ADORE

Il était un chien appelé Médor.
Sa maîtresse était Marie-je-t'adore.

Marie-je-t'adore court la prétentaine.
Quand elle est perdue, Médor la ramène.

Médor étant chien manque un peu de mains.
Marie étant fille se perd en chemin.

Médor ne mord pas Marie-je-t'adore.
Ce n'est pas l'envie qui manque à Médor.

de manger Marie gentille à croquer.
Mais Médor n'est pas un méchant roquet.

Se laisser aller, croquer le marmot,
c'est mal élevé, çà donne des maux.

Des maux d'estomac et des maux et autres.
Puis des mots plus hauts les uns que les autres.

LA GRANDE OURSE
ET LA PETITE OURSE

La Petite Ourse
va faire ses courses
et chercher son miel
aux ruches du ciel.

Mais la Grande Ourse,
plus ferousse,
mange l'enfant
qu'un maître méchant
avait mis au coin.

L'enfant au coin
s'en fut en course
jouer aux étoiles buissonnières
dans le grand ciel désert
où rôdait la Grande Ourse.

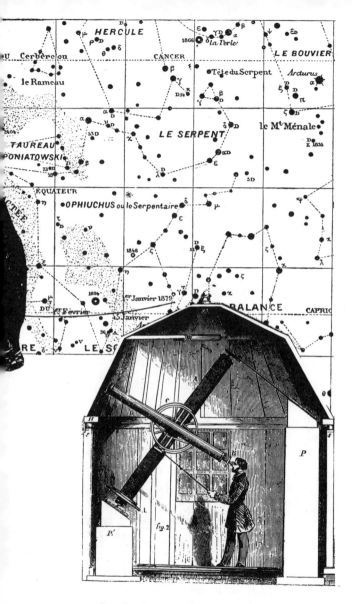

« Quelle frousse ! »
dit l'enfant en se réveillant
sur la terre plus terre à terre.

OÙ AVEZ-VOUS LA TÊTE ?

— Mais où donc avez-vous la tête ?
Mais à quoi donc pensez-vous ?

— *J'ai la tête près du bonnet,*
j'ai la cervelle à tous les vents.

— Mais où donc avez-vous les jambes ?
Mais où donc vous encourez-vous ?

— *J'ai pris mes jambes à mon cou,*
j'ai mis mes jambes au grand air.

— Mais où donc avez-vous les yeux ?
Vous me rendez vraiment soucieux.

— *Je n'ai pas mes yeux dans ma poche.*
Je les ai clairs comme eau de roche.

— Mais où donc avez-vous le cœur ?
Vous voulez faire mon malheur !

— *J'ai le cœur qui chante à tue-tête :*
« Les grandes personnes, c'est bête ! »

UNE PATTE A TÂTONS

Le petit chat nommé Chaton
mettait sa patte-z-à-tâtons
dans le tricot de Madelon,
dans la soupe de potiron,
dans la barbe d'oncle Léon,
dans le pot de lait de Suzon,
Madelon, Suzon et Léon,
et la soupe de potiron
disaient au chat nommé Chaton :

« Si tu mets ta patte à tâtons
dans la soupe de Madelon,
dans la barbe d'oncle Léon,
méfie-toi, chat nommé Chaton,
on te donnera du bâton. »

Chaton n'entendait pas raison,
il mit la patte-z-à-tâtons
dans la braise et dans les brandons.

Voilà pourquoi le chat Chaton
porte une poupée de chiffon
qu'à sa patte noua Madelon.

LES QUESTIONS DE LA VACHE

Pourquoi les chiens sont-ils velus?
Pourquoi disent-ils Ouah, ouah
avec l'accent anglais?

Pourquoi remuent-ils la queue
quand il n'y a pas de mouches?

Pourquoi portent-ils un collier?
Pourquoi flairent-ils
tout
d'un air intéressé?

Qui le sait?

LES QUESTIONS DU CHIEN

Pourquoi les vaches ont-elles des cornes?
Pourquoi disent-elles Meuh
avec l'accent flamand?

Pourquoi mangent-elles
quand elles ont déjà déjeuné?

Pourquoi ont-elles le pis plein de lait?
Pourquoi soufflent-elles
d'un air dégoûté?

Qui le sait?

LA HUCHE DE L'AUTRUCHE

Qui mange tout et rien n'épluche ?
Trois ours en peluche et deux cruches,
trois bûches et quatre merluches,
cinq oiseaux-mouches, six fanfreluches,
sept gros ballons en baudruche,
huit merluches, neuf ou dix mouches ?

Elle a de l'estomac, l'autruche.
Elle ne fait pas la fine bouche.
L'autruche met tout dans sa huche,
avale tout, mais rien n'épluche.

LES RAIES DU ZÈBRE
SANS ARRÊT

Pourquoi courait-il sur l'Ebre,
ce zèbre jadis célèbre
qui, en sautant dans les ténèbres
s'est déboîté les vertèbres?

Tel un tigre en équilibre
qui courait au bord du Tibre
tigre de très gros calibre
tigre-zèbre, zèbre-vibre,

ce zèbre qui courait sur l'Ebre
trouvait que c'est trop funèbre,
quand on est zèbre et célèbre
de réciter son algèbre.

L'ENFANT SAGE

Un nénuphar blanc jaune et blanc
qui s'ouvre sur un feu de braise,
un nénuphar plutôt content.
— *Vous en prenez bien à votre aise*

Un hérisson roux-rond et noir
qui va dîner au restaurant
avec une pie en robe du soir.
— *Vous avez l'air intelligent*

Une mésange qui fait l'ange
et faisant l'ange fait la bête
parce qu'une puce la démange.
— *Vous me copierez la recette*

Ce qui te passe par la tête,
quatre poissons et trois souris,
quand dans ta tête c'est la fête.
— *On ne l'aurait vraiment pas dit*

Où va-t-il donc chercher tout ça?
Il a l'air d'un enfant si sage,
mais il ne l'est pas tant que ça.
— *Ça lui passera avec l'âge*

Ça lui passera. C'est dommage.
A quoi passera-t-il le temps
quand il sera grand, passé l'âge,
passé le temps des dépasse-temps?

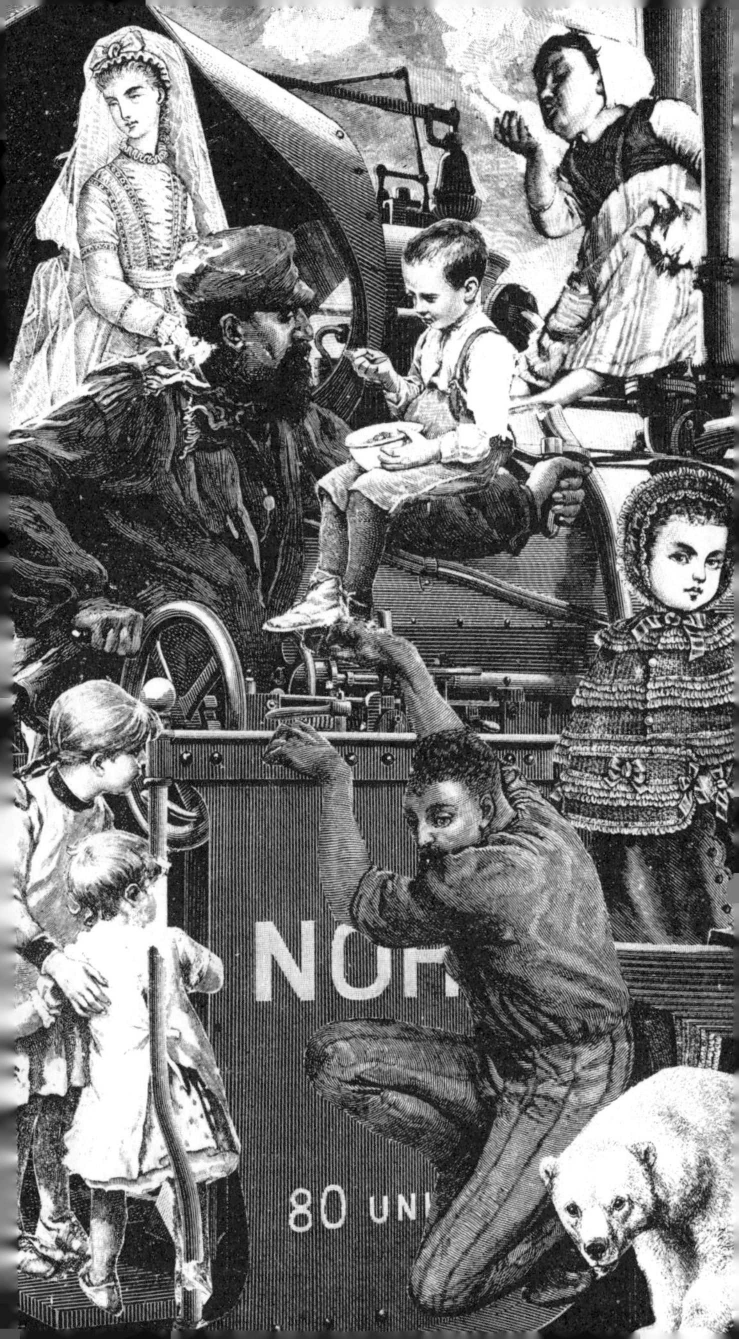
NOF
80 UNI

LES QUATRE CENTS COUPS

Quand le chat n'est pas là
que font les souris ?

Les souris dansent, les souris pensent
« On s'amuse bien, le chat est parti ! »

Quand le vacher n'est pas là
que font les vaches à l'étable ?

Les vaches vont brouter leur lit,
les vaches montent sur les tables.

Quand la grande ourse est en vacances
les petits ours rient et dansent.

Et quand les parents sont partis
que font les enfants si gentils ?

Ils font les fous, les casse-cou.
Ils font les quatre cents coups.

Il ne faux pas noed grandé
si on a fai des tas de betise.
C'est Claude Roy qui nous a
doné ses idées avec ses
enfantasque. Il a di quil
nous donnerai un m mot
descuse quon soi pas
punis.

Achevé
d'écrire, de
coller et de
m'amuser
le 12 Janvier
1978
Claude Roy

table

*Achevé d'imprimer
le 3 juillet 1986
sur les presses de
l'Imprimerie Hérissey
à Évreux (Eure)*

N° d'imprimeur : 40530
*Dépôt légal : Juillet 1986
1er dépôt légal dans la même collection : Avril 1979*
ISBN 2-07-033087-7

Imprimé en France